Houghton
Mifflin
Harcourt

SENDEROS

ESTÁNDARES COMUNES

Autoras del programa

Alma Flor Ada

F. Isabel Campoy

Copyright © 2014 by Houghton Mifflin Harcourt Publishing Company

All rights reserved. No part of this work may be reproduced or transmitted in any form or by any means, electronic or mechanical, including photocopying or recording, or by any information storage and retrieval system, without the prior written permission of the copyright owner unless such copying is expressly permitted by federal copyright law. Requests for permission to make copies of any part of the work should be addressed to Houghton Mifflin Harcourt Publishing Company, Attn: Contracts, Copyrights, and Licensing, 9400 Southpark Center Loop, Orlando, Florida 32819-8647.

Common Core State Standards © Copyright 2010. National Governors Association Center for Best Practices and Council of Chief State School Officers. All rights reserved.

This product is not sponsored or endorsed by the Common Core State Standards Initiative of the National Governors Association Center for Best Practices and the Council of Chief State School Officers.

Unidad 4

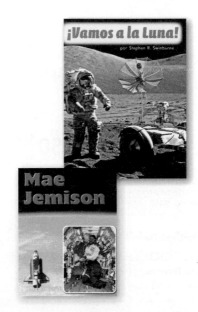

5

Libro para leer

Sonrisas

BIOGRAFÍA

por Alma Flor Ada y F. Isabel Campoy

¡Hola, lector!

¿Sabes cómo es estar en la Luna? ¿Te has preguntado alguna vez de dónde viene la miel de arce? ¿Te imaginas cómo sería viajar en una carreta halada por burros? En este libro descubrirás las respuestas a estas preguntas y más.

¡Abre tu libro y mira qué maravillosos descubrimientos hay dentro!

Las autoras

unidad 4

Lección 16

Leamos juntos

¡Vamos a la Luna! por Stephen R. Swinburne

Mae Jemison

✓ **PALABRAS QUE QUIERO SABER**
Palabras de uso frecuente

mirar

traer

regresar

liviano

porque

llevar

mostrar

superficie

Librito de vocabulario

Tarjetas de contexto

En el cielo

ESTÁNDARES COMUNES

RF.1.3g recognize and read irregularly spelled words

Aprende en línea

Palabras que quiero saber

▶ Lee cada Tarjeta de contexto

▶ Elige dos palabras en azul. Úsalas en oraciones.

1 **mirar**
¿Qué se puede mirar en el espacio?

2 **traer**
La nave espacial fue a traer a los astronautas de regreso.

3 regresar

Esta astronauta está a punto de regresar a la Tierra.

4 liviano

En el espacio el cuerpo se siente muy liviano.

5 porque

Estos astronautas saltan porque es divertido.

6 llevar

Los astronautas deben llevar trajes especiales para el espacio.

7 mostrar

Las fotos pueden mostrar cómo es la Luna.

8 superficie

Hay muchas nubes en la superficie de la Tierra.

Leer y comprender

 Leamos juntos

 Aprende en línea

☑ DESTREZA CLAVE

Idea principal y detalles El **tema** es la gran idea sobre la que trata toda la lectura. La **idea principal** es la idea más importante sobre el tema. Mientras lees, piensa en los **detalles**, o datos, que dan más información sobre la idea principal. Puedes hacer una red como esta para hacer una lista de la idea principal y los detalles del tema.

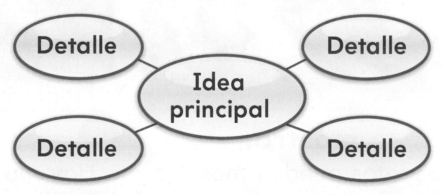

☑ ESTRATEGIA CLAVE

Pregunta Haz preguntas sobre lo que lees. Busca evidencia del texto para responder.

RI.1.1 ask and answer questions about key details; **RI.1.2** identify the main topic and retell key details

Los astronautas

Los astronautas viajan por el espacio. Antes de ir allí, planean lo que van a llevar. Deben llevar comida suficiente para todo el viaje. También deben llevar las herramientas necesarias para trabajar en el espacio. Llevan cámaras para poder mostrar a la gente en la Tierra cómo es el espacio. Leerás más sobre los astronautas en **¡Vamos a la Luna!**

TEXTO PRINCIPAL

¡Vamos a la Luna!
por Stephen R. Swinburne

☑ DESTREZA CLAVE

Idea principal y detalles
Di la idea principal y los detalles importantes sobre un tema.

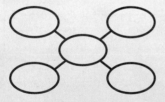

☑ GÉNERO

Un **texto informativo** ofrece datos de un tema. Mientras lees, busca:
▶ palabras que den datos,
▶ fotos que muestren el mundo real.

ESTÁNDARES COMUNES

RI.1.2 identify the main topic and retell key details; **RI.1.8** identify the reasons an author gives to support points; **RI.1.10** read informational texts

Aprende en línea

Conoce al autor

Stephen R. Swinburne

Steve Swinburne nunca ha ido a la Luna, pero le gusta mucho viajar y explorar lugares nuevos aquí en la Tierra. Durante sus viajes, ha estado cerca de osos, gatos monteses y lobos. Ha escrito muchos libros sobre las cosas que ha visto.

¡Vamos a la Luna!

escrito por Stephen R. Swinburne

PREGUNTA ESENCIAL

¿Qué hacen los astronautas?

¡Despegamos!

¿Te gustaría ir a la Luna? ¡Vamos!

ANALIZAR EL TEXTO

Propósito del autor ¿Por qué crees que el autor escribe como si estuvieras realmente volando a la Luna?

10, 9, 8, 7, 6, 5, 4, 3, 2, 1 ¡DESPEGAMOS!

El vuelo

Llegar a la Luna puede tomar cuatro días. Un cohete nos impulsa al espacio. Viajamos en la nave espacial que está en la punta del cohete.

En la superficie de la Luna hay mucho polvo y muchos cráteres.

En la Luna no hay plantas ni animales. No hay agua ni aire. La Luna tiene rocas, polvo y cráteres. Un cráter es un hoyo muy grande.

Los trajes espaciales

Este es el astronauta Ronald Evans con su traje espacial.

Llegó la hora de ponernos nuestros trajes espaciales. Estos trajes protegen nuestra piel del sol, que es muy caliente, y de la sombra, que es muy fría.

Los trajes espaciales tienen aire para
que podamos respirar. Una vez vestidos,
demos un paseo por la Luna.

Un paseo por la Luna

Pasear en la Luna es divertido. Damos grandes saltos y uno se siente más liviano.

ANALIZAR EL TEXTO

Idea principal y detalles
¿Cuál es la idea principal de la sección titulada **Un paseo por la Luna**?

Pesamos muy poco porque la Luna tiene menos gravedad que la Tierra.

23

Tuvimos que llevar instrumentos para poder trabajar.

Rocas de la Luna

Buscamos rocas y granos de polvo para traer de regreso a casa. Cuando lleguemos a la Tierra, les vamos a mostrar las rocas a todos.

Explorador lunar

Nos movemos en el Explorador lunar (EL). Es aún más divertido que caminar con los gruesos trajes espaciales. ¡Mira cuánto polvo levanta nuestro EL!

Tomar fotos

Tomamos fotos de nuestras huellas.

También tomamos fotos de la nave espacial.

¡Y colocamos la bandera!

Vamos a dar otro paseo antes de irnos. Vemos más rocas y polvo.

Vámonos a casa

Es hora de regresar a casa.

¿Cómo se siente estar en la Luna?
Es extraño y divertido a la vez.

Al mirar el cielo y ver la Luna,
¿qué piensas? ¡Nuestra Luna
es hermosa!

Ahora analiza

Cómo analizar el texto

Lee estas páginas para aprender acerca de la idea principal y los detalles, y el propósito del autor. Después vuelve a leer **¡Vamos a la Luna!**

Idea principal y detalles

El **tema** es la idea principal sobre la que trata toda la lectura. Piensa en el tema de **¡Vamos a la Luna!** ¿Cuál crees que es la **idea principal,** o la idea más importante, de este tema? Los **detalles** son datos importantes sobre la idea principal. Indica la idea principal y los detalles en una red.

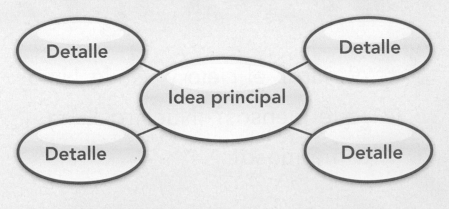

Detalle — Detalle — Idea principal — Detalle — Detalle

RI.1.2 identify the main topic and retell key details; **RI.1.8** identify the reasons an author gives to support points

 ESTÁNDARES COMUNES

 Aprende en línea

Propósito del autor

Los autores escriben por muchas razones o diferentes propósitos. Pueden escribir para hacer reír al lector. Pueden escribir para dar información sobre un tema.

Piensa sobre lo que has aprendido en **¡Vamos a la Luna!** ¿Por qué crees que el autor escribió esta lectura? Mientras lees, busca detalles y evidencia del texto que te ayuden a explicar su propósito.

Es tu turno

 mi Escritura genial

REPASAR LA PREGUNTA ESENCIAL

Turnarse y comentar

¿Qué hacen los astronautas?
Usa palabras nuevas que aprendiste en la lectura para describir los diferentes trabajos que hacen los astronautas. Da detalles para indicar por qué consideras que cada trabajo es importante. Explica tus ideas con claridad.

 Comentar en la clase

Ahora conversa sobre estas preguntas con tu clase.

1 ¿En qué se diferencian la Luna y la Tierra?

2 ¿Qué llevan los astronautas a la Luna?

3 ¿Te gustaría ser astronauta? ¿Por qué sí o por qué no? Explica tus razones.

Respuesta Piensa en lo que hayas descubierto luego de viajar a la Luna. ¿Y si pudieras conocer al autor de esta lectura? Escribe cuatro preguntas que te gustaría hacerle.

Sugerencia para la escritura

Empieza cada pregunta con letra mayúscula. Escribe los signos de interrogación al principio y al final.

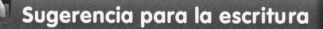

Aprende en línea

ESTÁNDARES COMUNES

RI.1.2 identify the main topic and retell key details; **SL.1.4** describe people, places, things, and events with details/express ideas and feelings clearly; **L.1.1j** produce and expand simple and compound declarative, interrogative, imperative, and exclamatory sentences; **L.1.6** use words and phrases acquired through conversations, reading and being read to, and responding to texts

Leamos juntos

Mae Jemison

☑ **GÉNERO**

Una **biografía** es una historia real sobre los sucesos de la vida de una persona real.

☑ **ENFOQUE EN EL TEXTO**

Una **línea cronológica** muestra el orden de los sucesos. Usa la línea cronológica de la página 42 para contar en orden los sucesos importantes de la vida de Mae Jemison.

ESTÁNDARES COMUNES

RI.1.5 know and use text features to locate facts or information; **RI.1.10** read informational texts

Aprende en línea

Mae Jemison

por Debbie O'Brien

Mae Jemison nació en Alabama. Desde niña quería ser científica y le gustaba mirar la Luna.

Mae estudió mucho en la universidad y se hizo doctora. Luego se fue a África porque quería ayudar a las personas enfermas.

Mae Jemison en el transbordador espacial. ▶

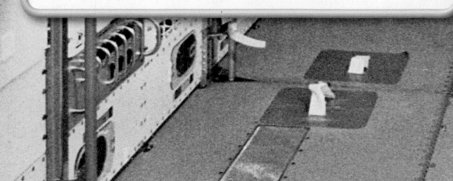

Después de regresar de África, Mae decidió ser astronauta. Tuvo que aprender muchas cosas antes de poder ir al espacio.

Mae llegó a viajar como astronauta en el transbordador espacial. Los astronautas tenían que llevar equipo especial y también su comida para el viaje. En el espacio, Mae sentía su cuerpo más liviano que en la superficie de la Tierra.

Ahora Mae tiene su propia compañía. Ella desea que las personas se interesen por las ciencias. Quiere mostrarles cómo las ciencias nos ayudan a diario.

Mae se hace doctora.

Mae funda su compañía.

1980 1981   **1987**   **1993**   **1995**

Mae se hace astronauta.

Comparar el texto

 Leamos juntos

DE TEXTO A TEXTO

Comparar lecturas Haz una lista de las ideas y la información que son parecidas en **Mae Jemison** y **¡Vamos a la Luna!**

EL TEXTO Y TÚ

Decir las ideas principales Dile a un compañero las cosas más importantes que aprendiste sobre ser un astronauta. Usa evidencia del texto para explicar tus ideas con claridad.

EL TEXTO Y EL MUNDO

Dibujar y compartir Busca una fotografía de un planeta real. Imagina que has ido allí. Dibuja algunas de las cosas que descubriste. Habla sobre el planeta.

Aprende en línea

 ESTÁNDARES COMUNES **RI.1.2** identify the main topic and retell key details; **RI.1.9** identify similarities in and differences between texts on the same topic; **SL.1.4** describe people, places, things, and events with details/express ideas and feelings clearly

RF.1.1a recognize the features of a sentence; **L.1.1j** produce and expand simple and compound declarative, interrogative, imperative, and exclamatory sentences; **L.1.2b** use end punctuation for sentences

Gramática

Preguntas Una **pregunta** es una oración en la que se interroga sobre algo. Empieza con signo de interrogación y una letra mayúscula, y termina con otro signo de interrogación.

¿Qué se siente estar en la Luna?
¿Hay montañas?
¿Viven plantas y animales allí?

Escribe cada pregunta correctamente. Usa una hoja de papel aparte.

1. qué hacen los astronautas en la Luna

2. usan trajes espaciales

3. pueden dar saltos realmente grandes

4. el Explorador lunar se mueve con rapidez

5. por qué toman fotografías

 La gramática al escribir

Cuando revises tu escrito, intenta hacer algunas preguntas.

ESTÁNDARES COMUNES **W.1.3** write narratives; **W.1.5** focus on a topic, respond to questions/suggestions from peers, and add details to strengthen writing; **L.1.2b** use end punctuation for sentences

Escritura narrativa

✓ Ideas Si escribes **oraciones que hablan de ti,** asegúrate de que todas se relacionen con la idea principal.

Kim escribió sobre una cueva que encontró. Después eliminó una oración que no estaba relacionada.

Borrador revisado

Mi familia y yo encontramos una cueva. Estaba muy oscuro adentro.

~~Me gusta el bosque.~~

Lista de control de la escritura

✓ Ideas ¿Todas mis oraciones hablan de la idea principal?

✓ ¿Comienza cada oración con letra mayúscula?

✓ ¿Contienen las oraciones los signos adecuados?

Busca la idea principal en la versión final de Kim. Después revisa lo que escribiste. Usa la lista de control de la escritura.

Versión final

 La gran sorpresa

Mi familia y yo encontramos una cueva. Estaba muy oscuro adentro. ¡Qué sorpresa cuando salieron volando unos murciélagos! Siempre recordaremos ese día.

17

☑ **PALABRAS QUE QUIERO SABER**
Palabras de uso frecuente

viaje

viajar

seguro

puedes

no

auto

ir

quizás

Librito de vocabulario

Tarjetas de contexto

RF.1.3g recognize and read irregularly spelled words

ESTÁNDARES COMUNES

Aprende en línea

Palabras que quiero saber

▶ Lee cada **Tarjeta de contexto**.

▶ Haz una oración con una de las palabras en azul.

1 **viaje**
Vamos a hacer un viaje en autobús.

2 **viajar**
El niño usa un casco para viajar en bicicleta.

3 seguro

Para ir seguro, ¡abróchate el cinturón!

4 puedes

Puedes caminar hasta el autobús con tus amigos.

5 no

No te levantes si el autobús está en marcha.

6 auto

El auto siempre debe detenerse en la señal de ALTO.

7 ir

Se juntaron para ir al parque a jugar.

8 quizás

Quizás puedas ayudar a una amiga a tener cuidado.

El gran viaje
por
VALERI
GORBACHEV

Leer y comprender

Leamos juntos

Aprende en línea

☑ **DESTREZA CLAVE**

Comparar y contrastar ¿En qué se parecen los personajes de un cuento? ¿En qué se diferencian? Los buenos lectores **comparan** y **contrastan** a los personajes para comprender cómo son y por qué actúan de cierta manera. Puedes usar un diagrama para **comparar** y **contrastar** a los personajes o las ideas de un cuento.

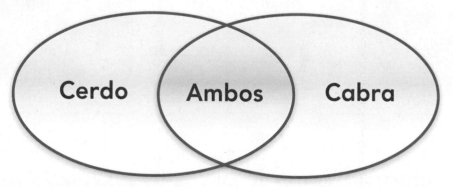

Cerdo   Ambos   Cabra

☑ **ESTRATEGIA CLAVE**

Visualizar Para comprender un cuento, hazte una imagen mental de lo que sucede mientras vas leyendo.

ESTÁNDARES COMUNES

RL.1.3 describe characters, settings, and major events; **RL.1.9** compare and contrast adventures and experiences of characters

50

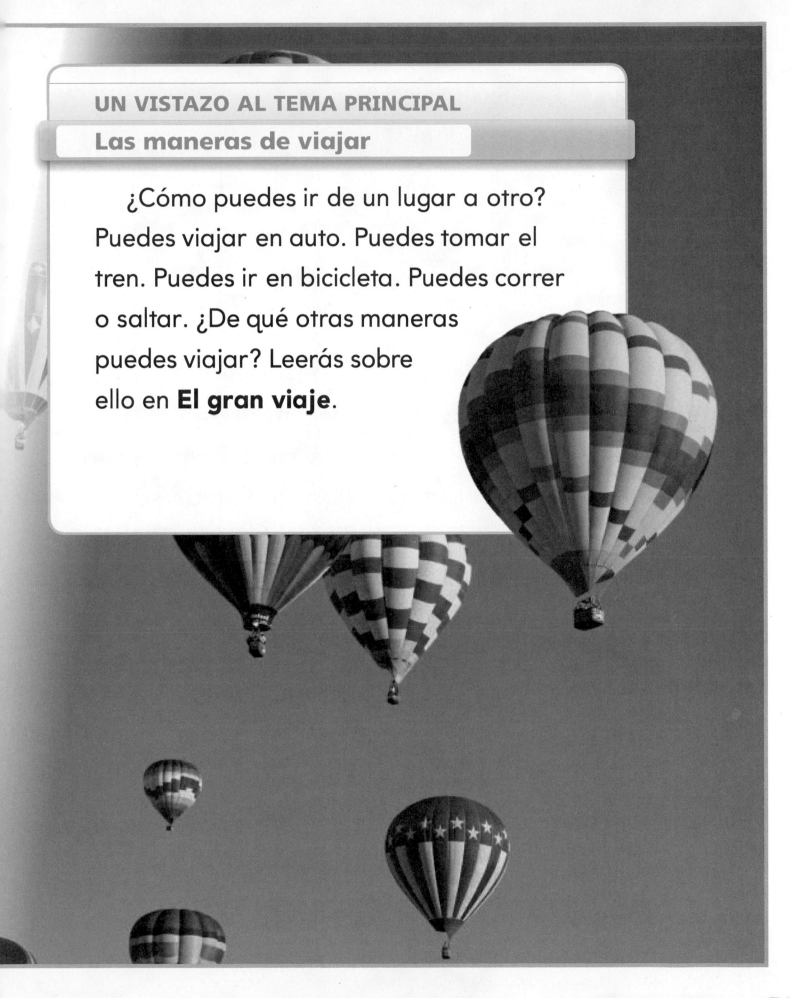

Las maneras de viajar

¿Cómo puedes ir de un lugar a otro? Puedes viajar en auto. Puedes tomar el tren. Puedes ir en bicicleta. Puedes correr o saltar. ¿De qué otras maneras puedes viajar? Leerás sobre ello en **El gran viaje**.

TEXTO PRINCIPAL

El gran viaje

por
VALERI
GORBACHEV

☑ DESTREZA CLAVE

Comparar y contrastar
Di en qué se parecen y en qué se diferencian dos cosas.

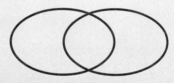

☑ GÉNERO

La **fantasía** es un cuento que no puede ocurrir en la vida real. Mientras lees, busca:

▶ sucesos que no pueden ocurrir en realidad,
▶ animales que actúan como las personas.

ESTÁNDARES COMUNES RL.1.3 describe characters, settings, and major events; **RL.1.6** identify who is telling the story; **RL.1.9** compare and contrast adventures and experiences of characters; **RL.1.10** read prose and poetry

Aprende en línea

Conoce al autor e ilustrador

Valeri Gorbachev

Valeri Gorbachev dice: "Me encanta dibujar para los niños y crear libros donde soy el autor y el ilustrador".

Gorbachev también ilustra libros para muchos otros autores. Para leer más sobre Cerdo y Cabra, busca **Where is the Apple Pie?** (¿Dónde está el pastel de manzanas?) y **One Rainy Day** (Un día de lluvia).

El gran viaje

por
VALERI
GORBACHEV

PREGUNTA ESENCIAL

¿Cuáles son algunas de
las diferentes maneras
de viajar?

—Voy a viajar a un lugar muy lejano —le dijo Cerdo a Cabra un día.

—¿Cómo vas a ir? —preguntó Cabra.

—Déjame pensar por un momento —dijo Cerdo—. Quizás me vaya en bici. Ese sería un viaje muy agradable.

—¡Ay, no! —dijo Cabra—. Puedes caerte de la bici.

—¡Ah! —dijo Cerdo—. Entonces me voy en auto.

—No es una buena idea, Cerdo
—dijo Cabra—. Un auto se puede averiar.

ANALIZAR EL TEXTO

Comparar y contrastar ¿Qué piensan Cerdo y Cabra de hacer un viaje en auto?

—¡Oh! —dijo Cerdo—. Entonces
me voy de viaje a caballo.

—No estoy muy seguro de eso —dijo
Cabra—. Los caballos se alteran con facilidad.

—Bien —dijo Cerdo—. Me voy entonces en una carreta tirada por un burro. Los burros son muy tranquilos.

—No, no es una buena idea —dijo Cabra—.
¡Los burros pueden ser muy tercos!

—Entonces me voy en tren —dijo Cerdo.

—¡Ay, Cerdo! ¡Ay, Cerdo! —dijo Cabra—.
¡Un tren puede quedarse atascado en un túnel!

—Tienes razón, Cabra —dijo Cerdo—.
Entonces me voy en avión.

—¿Y si se para el motor? —dijo Cabra—.
Tendrías que tirarte en paracaídas.

—Es verdad —dijo Cerdo—. Entonces me
voy en globo.

—¡El globo puede tener un agujero!
—dijo Cabra.

—De acuerdo. No voy a viajar por tierra.
No voy a viajar por aire. Me voy por mar
—dijo Cerdo— en un barco.

ANALIZAR EL TEXTO

Diálogo ¿Cómo sabes
que Cabra y Cerdo están
hablando? ¿Qué dicen?

—¡Ay, no! —gritó Cabra—. ¡No hagas eso! El barco puede chocar con un arrecife si hay niebla o encontrarse con una tormenta muy fuerte en el mar. Y hay muchos tiburones en el mar. ¡Tantos que no se pueden contar!

—¡Y puedes acabar solo en una isla desierta en el medio del océano! ¡Y pueden llegar piratas a la isla desierta en barcos pirata!

—¡Para!

¡Para! ¡PARA!

—gritó Cerdo.

—¡Me puedo caer de una bici,
se puede averiar el auto,
un caballo me puede tumbar,
en un burro nunca voy a llegar
y el tren se puede quedar atascado!
¡Tendría que tirarme en paracaídas de un
avión o de un globo y viajar en barco me
podría causar muchos problemas!

—Así que no me voy a ninguna parte —dijo
Cerdo—. Da mucho miedo hacer un viaje largo.

—A menos que . . . —dijo Cabra mirando
a Cerdo—,

a menos que vayas con
un amigo.

Ahora analiza

Cómo analizar el texto

Usa estas páginas para que aprendas a comparar y contrastar, y también acerca del diálogo. Después vuelve a leer **El gran viaje**.

Comparar y contrastar

Cabra y Cerdo son los personajes de **El gran viaje**. ¿En qué se diferencian Cerdo y Cabra? ¿En qué se parecen? Puedes usar un diagrama como el siguiente para **comparar** y **contrastar** características de Cerdo y Cabra. Piensa en sus opiniones acerca de los viajes, sus acciones e ideas.

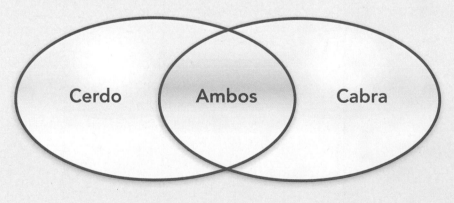

Cerdo — Ambos — Cabra

 RL.1.3 describe characters, settings, and major events; **RL.1.6** identify who is telling the story; **RL.1.9** compare and contrast adventures and experiences of characters

74

Diálogo

Las palabras que dicen los personajes se llaman **diálogo**. Delante de las palabras se coloca una **raya** para indicar que un personaje comienza a hablar. También se coloca cuando el personaje termina de hablar. La palabra **dijo** puede indicar quién está hablando. Los escritores usan el diálogo para mostrar lo que los personajes dicen, piensan y sienten.

Te puedes dar cuenta en el diálogo de que Cerdo y Cabra se turnan para contar el cuento. Mientras lees, piensa en quién está hablando y en cómo los personajes dirían las palabras.

Es tu turno

REPASAR LA PREGUNTA ESENCIAL

Turnarse y comentar

¿Cuáles son algunas de las diferentes maneras de viajar? ¿Cuáles son algunas de las que hablan Cerdo y Cabra en el cuento? Elige dos maneras de viajar. Túrnate con un compañero para que describas una de ellas y la dramatices.

💬 Comentar en la clase

Ahora habla acerca de estas preguntas con tu clase.

1 ¿En qué se diferencian Cabra y Cerdo? ¿En qué se parecen?

2 ¿Qué problema tienen Cerdo y Cabra? ¿Cómo lo resuelven?

3 ¿Qué manera de viajar elegirías?

Respuesta ¿Crees que Cerdo debe viajar en auto o en bici? Escribe una oración en la que digas qué manera de viajar piensas que es la mejor para Cerdo. Escribe otras oraciones que expliquen tu elección. Usa evidencia del texto para explicar tus ideas.

El gran viaje
por
VALERI
GORBACHEV

Sugerencia para la escritura

Usa **porque** y **por eso** para relacionar tu opinión con tus razones.

Aprende en línea

ESTÁNDARES COMUNES

RL.1.1 ask and answer questions about key details; **RL.1.3** describe characters, settings, and major events; **W.1.1** write opinion pieces; **SL.1.4** describe people, places, things, and events with details/express ideas and feelings clearly; **SL.1.5** add drawings or visual displays to descriptions to clarify ideas, thoughts, and feelingss

TEXTO INFORMATIVO

Leamos juntos

☑ GÉNERO

El **texto informativo** provee hechos sobre un tema en particular. Este es un artículo de Estudios Sociales. Mientras lees, busca hechos sobre los exploradores.

☑ ENFOQUE EN EL TEXTO

Un **mapa** es un dibujo de un lugar. Puede mostrar un pueblo, estado o país. La **clave** del mapa dice lo que significan los símbolos del mapa. ¿Qué significan los símbolos del mapa en la página 80? Usa la clave.

ESTÁNDARES COMUNES **RI.1.5** know and use text features to locate facts or information; **RI.1.10** read informational texts

Aprende en línea

El gran viaje
de Lewis y Clark

Meriwether Lewis y William Clark fueron exploradores que viajaron por Norteamérica hace muchos años. Viajaron a pie, a caballo y en barco. Escribieron un diario sobre su viaje.

Lewis

Clark

Lewis y Clark le pidieron a una india americana llamada Sacagawea que los acompañara. Los exploradores estaban seguros de que ella los ayudaría a comunicarse con otros indios americanos que encontraran en el camino.

Un día llegaron a un pueblo de indios americanos. Quizás Sacagawea podía hablar con la gente de ese lugar. Así fue, y los indígenas les dieron provisiones y caballos a los exploradores.

Sacagawea ayuda a Lewis y Clark.

Sacagawea conocía los mejores caminos a través de las montañas y los bosques. Los exploradores tardaron dos años en completar el viaje. Hoy la gente puede viajar por la misma ruta en auto.

Ruta de Lewis y Clark

Río Missouri

St. Louis

Océano Pacífico

Clave del mapa

— Río
←— Ruta de Lewis y Clark
● Ciudad

Comparar el texto

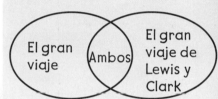

Leamos juntos

DE TEXTO A TEXTO

Comparar viajes En ambas selecciones se habla sobre los viajes. Di en qué se parecen y en qué se diferencian los viajes. Completa el diagrama con un compañero.

El gran viaje | Ambos | El gran viaje de Lewis y Clark

EL TEXTO Y TÚ

Escribir sobre un viaje Escribe oraciones que cuenten sobre un viaje que hiciste. Di qué sucedió primero, a continuación y por último.

EL TEXTO Y EL MUNDO

Aprender acerca del pasado ¿Qué información leíste en **El gran viaje de Lewis y Clark**? ¿Qué aprendiste de las ilustraciones y el mapa?

Aprende en línea

 ESTÁNDARES COMUNES **RL.1.9** compare and contrast adventures and experiences of characters; **RI.1.6** distinguish between information provided by pictures and words; **RI.1.9** identify similarities in and differences between texts on the same topic; **W.1.3** write narratives

Gramática

Oraciones compuestas Las **oraciones compuestas** están formadas por dos oraciones más cortas. Las dos oraciones están enlazadas con palabras como **y**, **o** y **pero**.

Oraciones compuestas		
Oración	**Palabra que enlaza**	**Oración**
Cerdo se montó en un tren	y	fue al próximo pueblo.
¿Es rápido el tren	o	es lento?
El viaje fue largo,	**pero**	estuvo muy entretenido.

Lee en voz alta cada oración con un compañero. Determina si es una oración compuesta. Luego escribe cada oración en una hoja de papel. Subraya las dos oraciones cortas.

1. Cerdo compró un mapa y Cabra lo ayudó a leerlo.

2. ¿Está a tiempo el autobús o está atrasado?

3. Cerdo y Cabra comieron una merienda.

4. Empaca tu mochila y trae el mapa.

5. Ellos van a tomar el tren o el autobús.

6. Me gustan los autos, pero los aviones son más rápidos.

 La gramática al escribir

Cuando revises tu trabajo, usa algunas oraciones compuestas para que tu escritura sea más interesante.

W.1.3 write narratives; **W.1.5** focus on a topic, respond to questions/suggestions from peers, and add details to strengthen writing; **L.1.1a** print upper- and lowercase letters; **L.1.1i** use frequently occurring prepositions

Escritura narrativa

✓ **Ideas** Cuando escribas **oraciones sobre ti mismo**, ayuda a los lectores a imaginarse lo que hiciste. Usa detalles que dicen dónde y cuándo.

Sam escribió acerca de un viaje que dio. Luego agregó palabras que dicen dónde estuvo.

Leamos juntos

mi **Escritura genial**

 **Aprende en línea**

Borrador revisado

My familia fue de acampada.

Primero armamos nuestra casa
junto a un lago
de campaña.

 ### Lista de control de la escritura

✓ **Ideas** ¿Tienen mis oraciones detalles que dicen dónde y cuándo?

✓ ¿Escribí las letras claras y dejé un espacio entre las palabras?

✓ ¿Comienzan y terminan las oraciones con el signo correcto?

Busca las palabras que dicen dónde y cuándo en la versión final de Sam. Luego revisa tu escrito. Usa la lista de control.

Versión final

Nuestro viaje de acampada

Mi familia fue de acampada. Primero armamos nuestra casa de campaña junto a un lago. Al día siguiente estuve muy feliz porque montamos en canoa. Fue un viaje divertido.

18

Leamos juntos

✓ **PALABRAS QUE QUIERO SABER**
Palabras de uso frecuente

comida

primero

tierra

a veces

debajo

estas

directamente

tu

Librito de vocabulario

Tarjetas de contexto

ESTÁNDARES COMUNES

RF.1.3g recognize and read irregularly spelled words

  Aprende en línea

Palabras que quiero saber

▶ Lee cada **Tarjeta de contexto**.

▶ Haz una pregunta en la que uses una de las palabras en azul.

1 **comida**
Puedes cosechar del jardín verduras para la comida.

2 **primero**
Primero siembras las semillas en la tierra.

3 **tierra**

Riegas la tierra para que tus plantas crezcan.

4 **a veces**

A veces las calabazas crecen mucho.

5 **debajo**

Las zanahorias crecen debajo del suelo.

6 **estas**

Estas plantas de tomate ya dieron su fruto.

7 **directamente**

Puedes recoger las arvejas directamente de la planta.

8 **tu**

¿Qué vas a sembrar en tu jardín?

Leer y comprender

☑ **DESTREZA CLAVE**

Propósito del autor Los autores pueden escribir para darte información o hacerte reír. La razón por la que un autor escribe se llama **propósito del autor**. Mientras lees el texto informativo, piensa acerca de lo que el autor quiere que aprendas. Puedes hacer una lista de los detalles que explican el propósito en una tabla como esta.

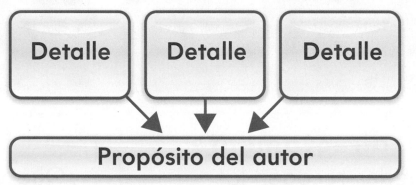

| Detalle | Detalle | Detalle |

Propósito del autor

☑ **ESTRATEGIA CLAVE**

Resumir Detente para decir ideas importantes acerca del tema. Usa evidencia del texto.

ESTÁNDARES COMUNES

RI.1.2 identify the main topic and retell key details; **RI.1.8** identify the reasons an author gives to support points

88

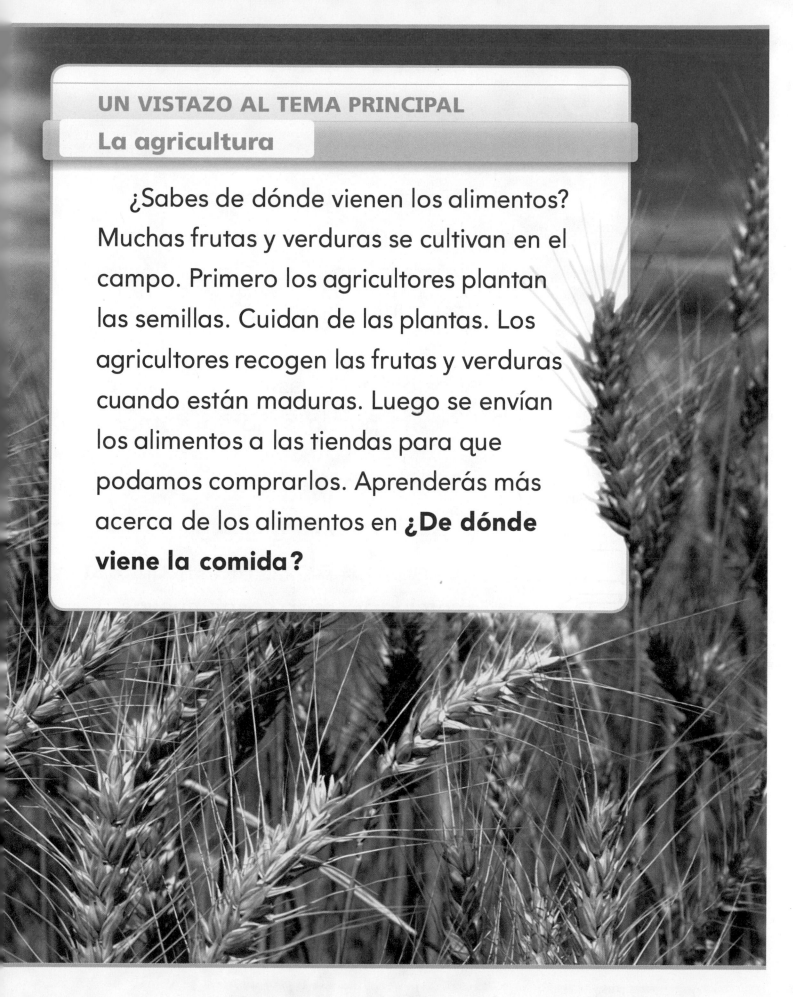

¿Sabes de dónde vienen los alimentos? Muchas frutas y verduras se cultivan en el campo. Primero los agricultores plantan las semillas. Cuidan de las plantas. Los agricultores recogen las frutas y verduras cuando están maduras. Luego se envían los alimentos a las tiendas para que podamos comprarlos. Aprenderás más acerca de los alimentos en **¿De dónde viene la comida?**

TEXTO PRINCIPAL

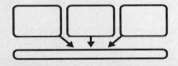

¿De dónde viene la comida?

Shelley Rotner y Gary Goss

Fotografías de Shelley Rotner

☑ DESTREZA CLAVE

Propósito del autor
Halla los detalles que muestran el propósito del autor.

☑ GÉNERO

El **texto informativo** ofrece hechos acerca de un tema. Busca:
► información y hechos en las palabras,
► fotografías que muestren detalles acerca del mundo real.

ESTÁNDARES COMUNES **RI.1.7** use illustrations and details to describe key ideas; **RI.1.8** identify the reasons an author gives to support points; **RI.1.10** read informational texts

 Aprende en línea

Conoce a la autora y fotógrafa

Shelley Rotner

Shelley Rotner comenzó a escribir libros acerca de cosas que le interesaban a su hija. Si tienes preguntas acerca del mundo que te rodea, las respuestas posiblemente están en un libro escrito por la señorita Rotner.

Conoce al autor

Gary Goss

Gary Goss dice: "Me encanta la comida y crear cosas nuevas. También me encanta trabajar con los niños". El señor Goss ha escrito un libro de cocina para niños llamado **Blue Moon Soup** (Sopa de luna azul).

¿De dónde viene la comida?

escrito por
Shelley Rotner
y
Gary Goss

fotografías de
Shelley Rotner

PREGUNTA ESENCIAL

¿Qué necesitan los
agricultores para
cultivar los alimentos?

Los granos del cacao son semillas.
Crecen en los árboles de cacao.
El chocolate se hace machacando
y cocinando los granos del cacao.
El chocolate caliente es sabroso.

Las manzanas son frutas que crecen en los árboles. Se toman directamente del árbol. El jugo de manzana se hace exprimiendo las manzanas hasta sacarles el jugo.

Las papas son verduras que crecen debajo de la tierra.
Las papas fritas se hacen con papas.

El trigo es un grano que crece en los campos.
La harina se hace moliendo el trigo.
El pan se hace con harina.

El arroz es un grano.

Crece en campos húmedos llamados arrozales.

Para hacer el arroz se cocinan los granos.

El maíz es un grano que crece en los campos.
Las palomitas de maíz se hacen con maíz.
Primero se calienta y luego estalla.

ANALIZAR EL TEXTO

Conclusiones ¿A estos niños les gusta la comida que están comiendo? ¿Cómo lo sabes?

La leche viene de las vacas
o, a veces, de las cabras.
La mantequilla, el queso y el
helado se hacen con leche.

Los huevos que comes los ponen las gallinas. Estas gallinas viven en granjas. Hay muchas maneras de cocinar los huevos.

Los tomates crecen
en enredaderas.
El kétchup se hace
con tomates.

ANALIZAR EL TEXTO

Propósito del autor ¿Por qué los autores muestran una foto del kétchup junto a los tomates?

Las abejas hacen la miel.

Llevan el néctar de las flores a la colmena.

La miel de arce se hace con savia.
La savia gotea de los árboles de arce.

¿De dónde viene tu comida favorita?

Ahora analiza

Cómo analizar el texto

Usa estas páginas para aprender acerca del propósito del autor y las conclusiones. Después vuelve a leer **¿De dónde viene la comida?**

Propósito del autor

Los autores escriben por muchos motivos. Piensa en por qué los autores escribieron **¿De dónde viene la comida?** ¿Qué querían que aprendieras? Puedes encontrar detalles en la lectura que ayudan a explicar el tema de los autores. Usa una tabla para hacer una lista de los detalles que apoyan el propósito de los autores al escribir.

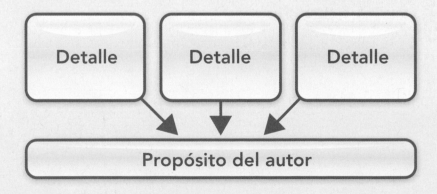

RI.1.7 use illustrations and details to describe key ideas; RI.1.8 identify the reasons an author gives to support points

Conclusiones

A veces los autores no dicen todos los detalles. Los lectores pueden usar evidencia del texto de las palabras e ilustraciones y pensar en lo que ya saben para hacer una suposición inteligente acerca de lo que el autor no dice. Esta suposición inteligente es una **conclusión**.

Piensa en la página de la lectura que habla acerca de la miel. Una conclusión que podrías sacar es que las abejas fabrican la miel con el néctar de las flores.

Es tu turno

 mi Escritura genial

REPASAR LA PREGUNTA ESENCIAL

Turnarse y comentar

¿Qué necesitan los agricultores para cultivar los alimentos? Piensa acerca de lo que los autores quieren que aprendas. Túrnense para hacer preguntas acerca de la procedencia de los alimentos. Usa detalles y evidencia del texto que te ayuden a responder.

 Comentar en la clase

Conversa acerca de estas preguntas con tu clase.

1 ¿De dónde viene el jugo de manzana? ¿Cómo crees que se hace?

2 ¿Qué importancia tienen los árboles en esta lectura? ¿Qué importancia tienen los animales?

3 ¿Por qué los autores escribieron esta lectura?

ESCRIBE SOBRE LO QUE LEÍSTE

Respuesta Escribe un párrafo acerca de tu comida preferida de la lectura. Empieza con una oración principal para decir cuál es tu comida preferida. Luego escribe oraciones con detalles para decir por qué te gusta. Da los motivos. Luego escribe una oración de cierre.

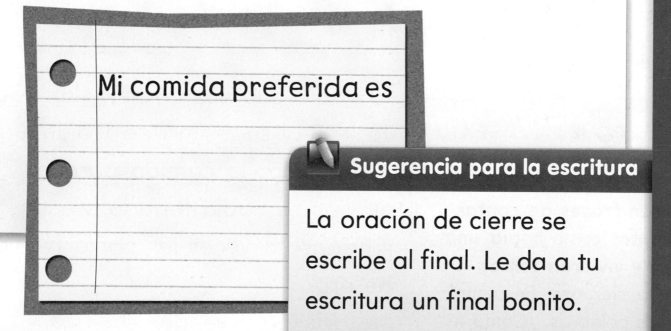

Mi comida preferida es

Sugerencia para la escritura

La oración de cierre se escribe al final. Le da a tu escritura un final bonito.

Aprende en línea

ESTÁNDARES COMUNES

RI.1.1 ask and answer questions about key details; **RI.1.7** use illustrations and details to describe key ideas; **RI.1.8** identify the reasons an author gives to support points; **W.1.1** write opinion pieces; **SL.1.2** ask and answer questions about details in a text read aloud, information presented orally, or through other media

CUENTO DE HADAS

Leamos juntos

✓ GÉNERO

Un **cuento de hadas** es un cuento antiguo con personajes que pueden hacer cosas asombrosas.

✓ ENFOQUE EN EL TEXTO

Muchos cuentos de hadas tienen **frases de contar cuentos** como **había una vez** y **vivieron felices para siempre**. Encuentra estas palabras. ¿Cómo te hacen sentir? ¿Por qué crees que el que cuenta el cuento las usa?

ESTÁNDARES COMUNES **RL.1.4** identify words and phrases that suggest feelings or appeal to senses; **RL.1.10** read prose and poetry

Jack y el tallo de habichuelas

Había una vez un niño llamado Jack. Él y su mamá no tenían dinero para la comida porque alguien se había llevado su ganso. ¡El ganso a veces les ponía huevos de oro!

Jack fue a vender su vaca y en el camino se encontró con un hombre. —Te cambiaré estas habichuelas especiales por tu vaca —dijo el hombre.

La mamá de Jack se enojó y tiró las habichuelas en la tierra.

Pronto creció una planta de habichuelas muy alta. Jack se trepó por ella. En lo alto había un castillo enorme. Dentro del castillo Jack encontró su ganso en una jaula debajo de la mesa.

Entonces Jack oyó:

—¡FI!, ¡FA!, ¡FO!, ¡FE! ¡Cuidado que ya llegué!

¡Era un gigante! Primero Jack tomó el ganso. Luego salió corriendo directamente por la puerta.

Jack bajó por la planta de habichuelas lo más rápido que pudo y la cortó con un hacha.

Ahora Jack y su madre estaban fuera de peligro y tenían su ganso. Vivieron felices para siempre.

Comparar el texto

Leamos juntos

DE TEXTO A TEXTO

Escribir acerca de la comida Elige tres alimentos que aparecen en las lecturas. Escribe oraciones para decir de dónde viene cada uno. ¿Qué más aprendiste?

EL TEXTO Y TÚ

Hablar acerca de la comida Describe las habichuelas u otra verdura que hayas comido. Di cómo eran y a qué sabían.

EL TEXTO Y EL MUNDO

Conectar con la tecnología Investiga en Internet cómo se cultiva una comida que te guste. Haz un dibujo que muestre lo que aprendiste.

Aprende en línea

ESTÁNDARES COMUNES

RL.1.1 ask and answer questions about key details; **RI.1.3** describe the connection between individuals, events, ideas, or information in a text; **W.1.6** use digital tools to produce and publish writing; **SL.1.4** describe people, places, things, and events with details/express ideas and feelings clearly

Gramática

Los nombres de los meses, los días y los días festivos Los nombres de los **meses** del año y de los **días** de la semana comienzan con letra minúscula. Son sustantivos comunes. En los nombres de los **días festivos**, todos los sustantivos y los adjetivos comienzan con letra mayúscula. Son sustantivos propios.

Meses
Plantamos las semillas el 14 de mayo de 2012.

Días de la semana
Papá preparó sopa el viernes.

Días festivos
Comemos pavo el Día de Acción de Gracias.

Escribe cada oración correctamente. Usa una hoja de papel aparte. Di a un compañero qué hiciste para corregir cada oración.

1. Ali empezó la escuela el 8 de Septiembre de 2011.

2. Todos los Viernes va al club de ciencias.

3. El día de los caídos no hay clases.

4. El Miércoles pasado nuestra clase salió de excursión.

5. Las clases terminaron el 14 de Junio de 2012.

 La gramática al escribir

Cuando revises tu escrito comprueba que escribiste correctamente los nombres de los meses, los días de la semana y los días festivos.

ESTÁNDARES COMUNES **W.1.3** write narratives; **W.1.5** focus on a topic, respond to questions/suggestions from peers, and add details to strengthen writing; **L.1.1j** produce and expand simple and compound declarative, interrogative, imperative, and exclamatory sentences; **L.1.2a** capitalize names of people; **L.1.2c** use commas to separate words in a series

Escritura narrativa

✓ **Fluidez de las oraciones** Cuando escribas una **carta amistosa** usa diferentes clases de oraciones para que tu escritura sea animada e interesante.

Ned hizo el borrador de una carta acerca de una comida especial que tuvo. Después le agregó una pregunta.

Borrador revisado

Después probamos toda la
¿Sabes cuál me gustó más?
comida.∧El pastel de manzana

fue lo mejor de todo.

Lista de control de la escritura

✓ **Fluidez de las oraciones** ¿Escribí diferentes clases de oraciones?

✓ ¿Conté los sucesos en orden?

✓ ¿Usé las mayúsculas y comas correctamente?

122

Busca diferentes clases de oraciones en la versión final de Ned. Después revisa lo que escribiste. Usa la lista de control.

Versión final

8 de marzo de 2014

Querido Mario:

En mi escuela hubo una cena en la que cada uno llevó algo para comer. Primero cada clase cocinó algo. Después probamos toda la comida. ¿Sabes cuál me gustó más? El pastel de manzana fue lo mejor de todo.

Tu amigo,

Ned

Leamos juntos

✓ **PALABRAS QUE QUIERO SABER**
Palabras de uso frecuente

trabajo

extraordinarios

hablar

papel

ayudaban

pronto

riéndose

terminar

Librito de
vocabulario

Tarjetas de
contexto

ESTÁNDARES COMUNES

RF.1.3g recognize and read irregularly spelled words

Aprende
en línea

Palabras que quiero saber

▶ Lee cada **Tarjeta de contexto**.

▶ Usa una de las palabras en azul para contar un cuento acerca de una ilustración.

1 **trabajo**

Algunas personas van a su trabajo en tren.

2 **extraordinarios**

Ella hace pasteles extraordinarios.

3 hablar

Un buen vendedor sabe hablar con los clientes.

4 papel

Este artista hace su trabajo en papel.

5 ayudaban

Mientras otros los ayudaban estos granjeros descansaban.

6 pronto

Pronto será la hora de ir a almorzar.

7 riéndose

Todos están riéndose con las bromas del payaso.

8 terminar

El hombre se va a casa después de terminar su trabajo.

Tomás Rivera

por Jane Medina

ilustrado por
René King Moreno

Leer y comprender

☑ DESTREZA CLAVE

Secuencia de sucesos El orden de los sucesos de una lectura se llama **secuencia de sucesos**. En muchas lecturas los sucesos se cuentan en orden cronológico. Al leer, piensa en qué ocurre **primero**, **a continuación** y **por último**. Puedes usar un organigrama para indicar el orden de los sucesos.

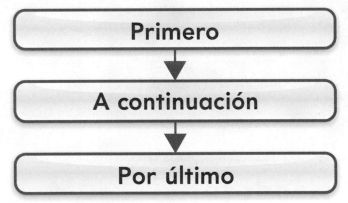

Primero

↓

A continuación

↓

Por último

☑ ESTRATEGIA CLAVE

Verificar/Aclarar Si alguna parte o palabra no tiene sentido puedes hacer preguntas, volver a leer y observar las ilustraciones para ayudarte.

ESTÁNDARES COMUNES

RI.1.3 describe the connection between individuals, events, ideas, or information in a text; **RI.1.4** ask and answer questions to determine or clarify the meaning of words and phrases

Hace mucho tiempo las personas hacían cosas que todavía hacemos hoy en día. Iban a la escuela, trabajaban y las familias se divertían juntas.

Hoy en día también hacemos cosas que la gente no conocía en el pasado. ¿Qué haces tú que no hacían tus abuelos cuando eran niños? Leerás acerca de un niño y su abuelo en **Tomás Rivera**.

TEXTO PRINCIPAL

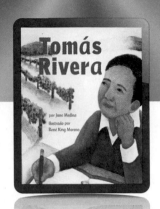

Tomás Rivera

por Jane Medina
ilustrado por René King Moreno

☑ DESTREZA CLAVE

Secuencia de sucesos
Di el orden en que ocurren los sucesos.

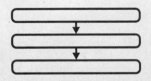

☑ GÉNERO

Una **biografía** habla de la vida de una persona real. Mientras lees, busca:

▶ información que indique por qué la persona es importante,

▶ sucesos en orden cronológico.

ESTÁNDARES COMUNES RI.1.3 describe the connection between individuals, events, ideas, or information in a text; **RI.1.4** ask and answer questions to determine or clarify the meaning of words and phrases; **RI.1.10** read informational texts; **L.1.4a** use sentence-level context as a clue to the meaning of a word or phrase

 Aprende en línea

Conoce a la autora

Jane Medina

Al igual que Tomás Rivera, Jane Medina es maestra y escritora. Comenzó a escribir cuando era una adolescente. Desde entonces ha escrito libros de poemas en inglés y en español.

Conoce a la ilustradora

René King Moreno

De niña, a René King Moreno le encantaba dibujar y pintar. También le gustaba ir a la biblioteca. Estudió arte en la escuela y ahora ilustra libros infantiles.

Tomás Rivera

por Jane Medina

ilustrado por
René King Moreno

PREGUNTA ESENCIAL

¿Por qué es importante aprender acerca de las personas del pasado?

Tomás Rivera era de Texas. Tomás y su familia iban de granja en granja recogiendo cosechas.

Tomás y sus hermanos ayudaban a recoger cosechas mañana y tarde. Al terminar el trabajo del día, a Tomás le encantaba sentarse a hablar con su abuelo.

ANALIZAR EL TEXTO

Secuencia de sucesos ¿Cuándo trabajan Tomás y su abuelo? ¿Qué ocurre después del trabajo?

—¡Vengan, chicos! —los llamaba el
abuelo—. Voy a contarles un cuento.

—¡Abuelo, tus cuentos son extraordinarios! —le dijo Tomás—. Me gustaría poder contar cuentos como tú.

—Hay un lugar donde podemos conseguir
muchos cuentos —dijo el abuelo.

—¿Dónde? —quiso saber Tomás.

El abuelo guiñó un ojo y, riéndose, dijo: —¡Ya verás! Vamos, súbete.

—Esta es una biblioteca. Aquí hay muchos cuentos que puedes leer —dijo el abuelo.
—¡Hay miles de libros! —exclamó Tomás, sorprendido.

—Lee cuanto puedas —aconsejó el abuelo—. Eso te dará ideas para escribir tus propios cuentos.

Había muchos libros. Tomás leyó sobre botes, trenes y carros. Leyó sobre el espacio. Pronto comenzó a imaginarse sus propios cuentos.

Al principio, Tomás contaba sus cuentos.
Luego empezó a escribirlos en papel.

ANALIZAR EL TEXTO

Usar el contexto ¿Cómo te ayudan las oraciones y la ilustración a aprender la palabra **papel**?

De adulto, Tomás consiguió un puesto
de maestro, pero siguió escribiendo sus
cuentos.

En los cuentos de Tomás Rivera hay campesinos.
Se parecen mucho a sus familiares. Muchas
personas leen sus libros.

Hoy en día hay una biblioteca llamada Tomás
Rivera. Muchos la visitan y encuentran libros,
al igual que lo hizo Tomás.

Ahora analiza

Cómo analizar el texto

Usa estas páginas para aprender acerca de la secuencia de sucesos y usar el contexto. Después vuelve a leer **Tomás Rivera**.

Secuencia de sucesos

Tomás Rivera cuenta acerca de lo que le ocurre a una persona real. El orden en que ocurren los sucesos es la **secuencia de sucesos**. Cuando empieza el cuento Tomás es un niño. ¿Cuáles son los sucesos importantes que ocurren antes de que Tomás se convierta en un escritor? Puedes usar una tabla para indicar la conexión entre los sucesos.

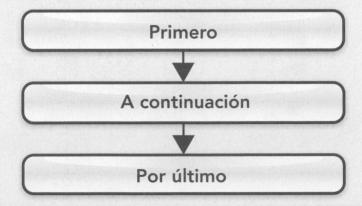

Primero

A continuación

Por último

RI.1.3 describe the connection between individuals, events, ideas, or information in a text; **RI.1.4** ask and answer questions to determine or clarify the meaning of words and phrases; **L.1.4a** use sentence-level context as a clue to the meaning of a word or phrase

Aprende en línea

Usar el contexto

Cuando no conoces el significado de una palabra puedes leer las demás palabras de esa oración para que te ayuden a descubrirlo. También puedes observar las ilustraciones.

Este cuento dice que la familia estaba recogiendo **cosechas**. Puedes usar la palabra **recogiendo** y la ilustración del huerto del agricultor como evidencia de texto para descubrir que las **cosechas** son los "alimentos que cultivan los agricultores".

Es tu turno

 mi Escritura genial

REPASAR LA PREGUNTA ESENCIAL

 Turnarse y comentar

¿Por qué es importante aprender acerca de las personas del pasado? Piensa en la lectura. Túrnate con un compañero para decir los sucesos en orden. Usa evidencia del texto. Agrega tus ideas a lo que diga tu compañero.

💬 Comentar en la clase

Conversa acerca de estas preguntas con tu clase.

1 ¿Dónde consiguió Tomás las ideas para escribir sus cuentos?

2 ¿Qué aprendió Tomás de su abuelo?

3 ¿Qué aprendiste acerca del pasado en esta lectura?

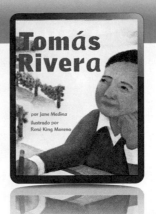

Respuesta Escribe oraciones para decir cómo es Tomás. Comienza con una oración que indique cuál es la idea principal. A continuación escribe oraciones para describir a Tomás. Usa datos y evidencia del texto para sacar ideas. Escribe una oración de cierre.

Sugerencia para la escritura

La oración de cierre se escribe al final. Le da a tu escritura un final bonito.

ESTÁNDARES COMUNES **RI.1.1** ask and answer questions about key details; **RI.1.3** describe the connection between individuals, events, ideas, or information in a text; **RI.1.7** use illustrations and details to describe key ideas; **W.1.2** write informative/explanatory texts; **SL.1.1b** build on others' talk in conversations by responding to others' comments

La vida:
Antes y ahora

✓ GÉNERO

Un **texto informativo** da información acerca de un tema. Esta entrada de una enciclopedia en línea se escribió para dar información verdadera.

✓ ENFOQUE EN EL TEXTO

Una **tabla** es un dibujo que presenta información de forma clara. Puede mostrar palabras, dibujos o ambas cosas. ¿Qué información puedes aprender de la tabla de la página 150?

ESTÁNDARES COMUNES **RI.1.5** know and use text features to locate facts or information; **RI.1.10** read informational texts

Archivo   Editar   Ver   Favoritos

La vida:
Antes y ahora

La forma de vivir de las personas cambia con el tiempo. Hoy las familias viven de manera diferente al pasado.

En el pasado muchos trabajos se hacían a mano. Hoy las personas tiene máquinas que los ayudan a hacer el trabajo.

La vida en familia

En el pasado la gente escribía cartas en papel y las enviaba por correo. Ahora pueden enviar mensajes de inmediato. Hablan por los teléfonos celulares o envían correos electrónicos por computadora.

En el pasado las familias escuchaban programas en la radio. Ahora ven programas de televisión y películas.

La vida en familia

Ahora usamos muchas cosas que las personas usaban en el pasado.

Antes	Ahora

Piensa en el futuro. ¡Pronto las familias podrán hacer muchas cosas de manera totalmente nueva!

Comparar el texto

Leamos juntos

DE TEXTO A TEXTO

Reconocer el propósito ¿Estas lecturas se escribieron para dar información o para hacerte reír? ¿Cómo lo sabes? ¿Qué cosas aprendiste?

EL TEXTO Y TÚ

Conectar con los Estudios Sociales
Habla acerca de un trabajo que te gustaría tener. Habla con claridad y acerca de un solo tema.

EL TEXTO Y EL MUNDO

Piénsalo ¿Qué información aprendiste en **La vida: Antes y ahora**? ¿Cómo ha cambiado la vida? ¿Crees que las cosas nuevas son mejores? Explica por qué o por qué no.

Aprende en línea

ESTÁNDARES COMUNES **RI.1.1** ask and answer questions about key details; **RI.1.3** describe the connection between individuals, events, ideas, or information in a text; **RI.1.8** identify the reasons an author gives to support points; **SL.1.1a** follow rules for discussions

Gramática

ESTÁNDARES COMUNES

Verbos y tiempos verbales Los verbos pueden decir lo que sucede en el presente, lo que sucedió en el pasado o lo que sucederá en el futuro. Para hablar del futuro debes conjugar el verbo. También puedes usar **ir a** + **verbo** para hablar del futuro.

Ahora	En el futuro
Yo **leo** un libro.	Yo **leeré** un libro.
Ana **escribe** un cuento.	Ana **va a escribir** un cuento.

Lee cada oración con un compañero. Identifica las oraciones que hablan del futuro. Luego vuelve a escribir las otras oraciones para hablar del futuro. Usa una hoja de papel aparte.

1. Iré a la biblioteca mañana.

2. Voy a ir con mi papá.

3. Papá compró algunos libros en la librería.

4. Papá va a leer los libros conmigo.

5. Yo escribo un poema.

 La gramática al escribir

Cuando revises tu escrito, asegúrate de que las oraciones que hablan del futuro tengan la forma correcta del verbo **ir a** + **verbo**.

W.1.3 write narratives; **W.1.5** focus on a topic, respond to questions/suggestions from peers, and add details to strengthen writing

Taller de lectoescritura: Preparación para la escritura

Escritura narrativa

☑ **Organización** Antes de escribir una **narrativa personal**, necesitas planear qué decir.

Ava contó su cuento a Zoe. Eso ayudó a Ava a elegir los sucesos y detalles de su cuento.

Explorar un tema

Lista de control de preparación para la escritura

 ¿Elegí un tema interesante?

 ¿Están los sucesos de mi organigrama en orden?

 ¿Mis detalles cuentan quién, qué, dónde y cuándo?

Mira los detalles que Ava puso en su tabla. Planea tu propio cuento usando un organigrama. Escribe oraciones o notas en orden para contar los sucesos. Usa la lista de control.

Tabla de planificación

Primero

autobús a la ciudad

A continuación

vimos el dinosaurio

Por último

manzanas en el parque

Lección 20

Leamos juntos

El cuento de Conejito
por Wong Herbert Yee
ilustrado por Richard Bernal

Poemas tontos

✓ **PALABRAS QUE QUIERO SABER**
Palabras de uso frecuente

quiero
viejo
tratar
usan
más
lavarse
mamá
puerta

Librito de vocabulario

El tiempo

Tarjetas de contexto

 RF.1.3g recognize and read irregularly spelled words

 **Aprende en línea**

Palabras que quiero saber

▶ Lee cada **Tarjeta de contexto**.

▶ Usa una de las palabras en azul para contar algo que hiciste.

1 **quiero**
Hoy quiero recoger manzanas con mis amigos.

2 **viejo**
Este árbol de manzana no es muy viejo.

3 **tratar**

Estos niños van a tratar de encontrar una buena manzana.

4 **usan**

Ellos usan una escalera para llegar más arriba.

5 **más**

No caben más manzanas en esta canasta.

6 **lavarse**

La manzana debe lavarse bien antes de comerla.

7 **mamá**

La mamá de Ben nos ayuda a preparar un pastel de manzana.

8 **puerta**

La puerta del horno se abre y... ¡allí está el pastel!

puerta

El cuento de Conejito
por Wong Herbert Yee
ilustrado por Richard Bernal

Leer y comprender

Leamos juntos

Aprende en línea

☑ DESTREZA CLAVE

Causa y efecto A veces un suceso hace que ocurra otro suceso. La **causa** es lo que ocurre primero. Es la razón por la que ocurre algo. El **efecto** es lo que ocurre después. Mientras lees, pregúntate qué ocurre y por qué. Usa una tabla como esta para comprender las causas y los efectos.

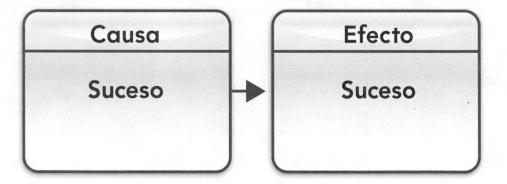

Causa	Efecto
Suceso	Suceso

☑ ESTRATEGIA CLAVE

Inferir/Predecir Usa evidencia del texto para descubrir más y qué podría ocurrir a continuación.

RL.1.3 describe characters, settings, and major events; **RL.1.7** use illustrations and details to describe characters, setting, or events

ESTÁNDARES COMUNES

Los sentimientos

Cuando alguien cuenta un chiste te ríes. Cuando un amigo se muda a otro lugar te pones triste. Cuando algo te da miedo te asustas. Las personas muestran sus sentimientos de muchas formas distintas. ¿Quién puede ayudarte a sentirte mejor cuando te sientes mal?

En **El cuento de Conejito** leerás acerca de lo que ocurre cuando Conejito se asusta.

TEXTO PRINCIPAL

El cuento de Conejito

por Wong Herbert Yee
Ilustrado por Richard Bernal

☑ DESTREZA CLAVE

Causa y efecto Di qué sucede y por qué.

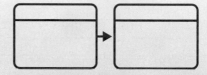

☑ GÉNERO

Un **cuento popular** es un cuento antiguo que se contó por muchos años. Busca:

▶ una lección acerca de la vida,

▶ animales que actúan como las personas,

▶ las palabras **Colorín, colorado, este cuento se ha acabado**.

ESTÁNDARES COMUNES **RL.1.2** retell stories and demonstrate understanding of the message or lesson; **RL.1.3** describe characters, settings, and major events; **RL.1.10** read prose and poetry

Aprende en línea

Conoce al autor

Wong Herbert Yee

A Wong Herbert Yee le encanta escribir y dibujar. "Conejito me recuerda a mi hija Ellen", dice. "Su animal preferido es el conejo. ¡Intento incluir un conejo en cada cuento que escribo!", agrega.

Conoce al ilustrador

Richard Bernal

Richard Bernal comenzó a dibujar cuando estaba en primer grado. "Me gusta divertirme cuando dibujo", dice. "¡Mira a ver si puedes encontrar las letras **r. b.** marcadas en un árbol!"

El cuento de Conejito

por Wong Herbert Yee
ilustrado por Richard Bernal

PREGUNTA ESENCIAL

¿Cómo puedes ayudar a un amigo que se siente triste?

Conejito duerme bajo un viejo manzano.
Justo en ese momento el viento comienza a
soplar. Las ramas se mueven con el viento.

¡PUM!

Algo golpea a Conejito.

ANALIZAR EL TEXTO

Causa y efecto ¿Qué hace
que Conejito se despierte?

—¡Oh, no! ¡El cielo se está cayendo!
—grita Conejito—. ¡Debo tratar de avisar a todos!
Conejito se va brincando para encontrar a Ganso.

Ganso está sentado en su bote de remo.

La punta de su caña empieza a dar tirones.

—¡No hay tiempo para pescar! —grita
Conejito—. ¡El cielo se está cayendo!

—¡Vamos, Conejito! ¡Tenemos que avisar a Castor! Ganso y Conejito usan el bote de remo y van corriente arriba.

Ganso se asoma:

Castor está tomando la merienda.

—No hay tiempo para comer —dice

Ganso—. ¡Vamos! ¡El cielo se está cayendo!

—¡Oh! —dice Castor—. Tenemos que
avisar a Tortuga.

Castor, Ganso y Conejito corren y
suben la colina.

Tortuga duerme debajo de un tronco.

¡TOC, TOC! Castor golpea el caparazón de Tortuga.

Tortuga se asoma.

—¡No hay tiempo de dormir! —dice Castor—.

¡Vamos! ¡El cielo se está cayendo!

—¡Oh, no! —grita Tortuga—. ¿Qué podemos hacer?

—Corramos a casa —dice Conejito—. ¡Quiero decirle a mi mamá!

Tortuga, Castor, Ganso y Conejito
corren rápido. Saltan el tronco,
bajan corriendo la colina...

y saltan al bote de remo de Ganso.
Entonces van lo más rápido que
pueden corriente abajo.

Conejito entra brincando por la puerta.

—¡Mamá, el cielo se está cayendo!

—¿Quién te dijo semejante cosa?
—pregunta Mamá Coneja.

—¡Me lo dijo Castor! —responde Tortuga.

—¡Me lo dijo Ganso! —dice Castor.

—¡Me lo dijo Conejito! —dice Ganso.

—Bueno, salgamos y miremos el cielo
—dice Mamá Coneja.

Justo en ese momento el viento empieza a soplar.

Las ramas se mueven con el viento.

Algo golpea a Conejito.

ANALIZAR EL TEXTO

Lección del cuento ¿Qué lección crees que aprenden los personajes en esta página?

—¡Oh, no! ¡El cielo se está cayendo! —grita Conejito.

—El cielo no se está cayendo —dice riéndose Mamá Coneja—. ¡Acaba de caer una manzana del árbol!

—Yo no pude pescar —dice Ganso.

—Yo no pude tomar la merienda —dice Castor.

—Yo no pude dormir —dice Tortuga.

—Tengo un plan —dice Conejito—. ¿Mis amigos pueden comer con nosotros?

—Sí —dice Mamá Coneja—. Vayan a lavarse las manos mientras pongo más platos.

¡HURRA!

Conejito y sus amigos pasan un rato hermoso comiendo juntos. Después de eso, ¡todos comieron pastel de manzana!

Colorín colorado, este cuento se ha acabado.

Ahora analiza

Leamos juntos

Cómo analizar el texto

Usa estas páginas para aprender acerca de causa y efecto y la lección del cuento. Después vuelve a leer **El cuento de Conejito**.

Causa y efecto

En **El cuento de Conejito** algo golpea la cabeza de Conejito. Esta es la **causa** que hace que ocurra otra cosa. ¿Qué sucede después a causa del golpe? Este es el **efecto**. Mientras lees, piensa acerca de lo que ocurre y por qué. Puedes usar una tabla para mostrar otras causas y efectos.

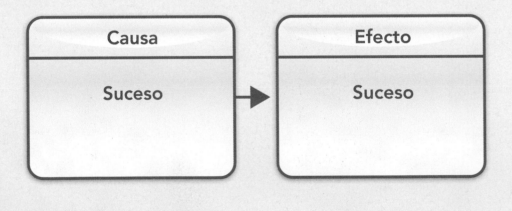

Causa	Efecto
Suceso	Suceso

 ESTÁNDARES COMUNES   **RL.1.2** retell stories and demonstrate understanding of the message or lesson; **RL.1.3** describe characters, settings, and major events

Lección del cuento

El cuento de Conejito es un cuento popular. ¿Has oído alguna vez un cuento parecido a este? La gente contó un cuento como este durante muchos años antes de que se escribiera.

Los cuentos populares suelen tener un mensaje importante. El mensaje del cuento es una lección acerca de la vida. ¿Qué puedes aprender de **El cuento de Conejito**?

Es tu turno

REPASAR LA PREGUNTA ESENCIAL

Turnarse y comentar

¿Cómo puedes ayudar a un amigo que se siente triste? ¿Qué hacen la madre de Conejito y sus amigos para ayudarlo? ¿Qué hace que este cuento sea divertido? Usa evidencia del texto como palabras e ilustraciones para responder.

Comentar en la clase

Conversa acerca de estas preguntas con tu clase.

1 ¿Por qué crees que Conejito actúa así cuando una manzana le cae encima?

2 ¿Qué suceso se repite en este cuento?

3 ¿Por qué están contentos los amigos al final del cuento?

ESCRIBE SOBRE LO QUE LEÍSTE

Respuesta Escríbele una carta a Conejito. Dile cómo crees que debió actuar. Primero habla con un compañero acerca de tus ideas. A continuación usa algunas de las ideas de tu compañero y las tuyas para mejorar tu escritura.

Sugerencia para la escritura

Una carta comienza con un saludo como este:

Querido Conejito:

RL.1.3 describe characters, settings, and major events; **RL.1.7** use illustrations and details to describe characters, setting, or events; **W.1.5** focus on a topic, respond to questions/suggestions from peers, and add details to strengthen writing; **SL.1.4** describe people, places, things, and events with details/express ideas and feelings clearly

Leamos
juntos

Poemas
tontos

✓ GÉNERO

La **poesía** usa el sonido de las palabras para mostrar imágenes y sentimientos. Algunos poemas tienen palabras que riman y otros patrones para que sean divertidos de leer.

✓ ENFOQUE EN EL TEXTO

El **ritmo** es un patrón de compases en un poema. A veces puedes aplaudir al ritmo de un poema. Trata de dar palmadas al ritmo de los poemas de esta lectura.

ESTÁNDARES COMUNES **RL.1.10** read prose and poetry; **L.1.6** use words and phrases acquired through conversations, reading and being read to, and responding to texts

Aprende en línea

Teatro del lector

Poemas tontos

LECTOR 1 ¿Qué quieres hacer cuando seas grande?

LECTOR 2 ¡Quiero volar como un pájaro!

LOS DOS ¡Leamos juntos este poema sobre vuelos!

¿Y tú?

Si yo
Pudiera volar
Tan alto
Tan bajo
Como el viento
Como el viento
Como el viento
Puede soplar –

¡Volaría!

por John Ciardi

LECTOR 1 ¡Leamos otro poema!

LECTOR 2 ¿Quién tiene más miedo,
el elefante o el ratón? Yo leeré las
primeras cuatro líneas. Tú lee el resto.

Elefante,
Elefante,
¡más grande
que un camión!
Me han dicho
que le temes
a un simple
ratón.

*por Langston
Hughes*

Escribe un poema tonto

Usa palabras que rimen y palabras que
indiquen sentimientos en tu poema. Usa
palabras que digan cómo son o cómo
suenan las cosas. Lee tu poema en voz alta.

Comparar el texto

Leamos juntos

DE TEXTO A TEXTO

Coméntalo Conversa con un compañero acerca de las cosas tontas que hace Conejito. ¿Qué hace que los poemas sean tontos? Túrnense para hablar.

EL TEXTO Y TÚ

Escribir oraciones tontas Escribe oraciones para contarle a tus compañeros algo tonto que hayas visto o hecho.

EL TEXTO Y EL MUNDO

Conectar con los Estudios Sociales Descubre dónde crecen las manzanas. Usa los símbolos de un mapa. Cuenta lo que descubres con palabras como **norte**, **sur**, **este** y **oeste**.

Aprende en línea

ESTÁNDARES COMUNES **RL.1.9** compare and contrast adventures and experiences of characters; **SL.1.1a** follow rules for discussions; **L.1.1j** produce and expand simple and compound declarative, interrogative, imperative, and exclamatory sentences

Gramática

Preposiciones y frases preposicionales Una **preposición** es una palabra que se usa para unir o relacionar otras palabras y ayuda a explicar dónde está algo o cuándo ocurre. Una **frase preposicional** es un grupo de palabras que funcionan como una preposición.

El conejito durmió una siesta **<u>por</u> la tarde**.
Se acostó a dormir **<u>debajo de</u> un árbol**.
Las manzanas están **<u>en</u> la rama**.

Lee cada oración con un compañero. Busca la preposición y la frase preposicional en cada oración. Escríbelas en una hoja de papel aparte. Conversa con un compañero para determinar si la preposición dice dónde o cuándo ocurrió algo.

1. Luis jugó al fútbol por la mañana.

2. Se sentó a leer debajo de un árbol.

3. Vio dos pajaritos en un nido.

4. Un pájaro volaba hacia el árbol.

5. Vero vio al gato a través de la ventana.

 La gramática al escribir

Cuando revises tu escrito, asegúrate de incluir frases preposicionales para hablar acerca de dónde y cuándo.

Taller de lectoescritura: Revisión

Escritura narrativa

☑ **Elección de palabras** En un buen **relato personal** los detalles exactos ayudan a los lectores a imaginar los sucesos que ocurrieron.

Ava escribió acerca de un día especial. Después cambió palabras para que fueran más exactas.

Borrador revisado

A continuación fuimos a un
          rocas, estrellas y dinosaurios
museo. Vi ~~cosas~~.
    ^

 Lista de control para revisar

 ¿Mis oraciones tienen detalles exactos?

 ¿Usé palabras que indican orden cronológico?

 ¿Escribí una oración que dice el final del cuento?

Busca detalles en la versión final de Ava. Luego revisa lo que escribiste. Usa la lista de control.

Versión final

Un día grandioso

El viernes pasado mi mamá y yo salimos a pasear. Primero tomamos un autobús para ir a la ciudad. A continuación fuimos a un museo. Vi rocas, estrellas y dinosaurios. Por último comimos unas manzanas en el parque. ¡Espero que pronto tengamos otro día grandioso!

Leamos
juntos

Lee cada artículo. Mientras lees, detente y responde cada pregunta. Usa evidencia del texto.

Los pingüinos

El Polo Sur es un lugar muy frío. Está repleto de nieve muy blanca y hielo hasta donde alcanzas a ver. ¿Crees que los animales pueden vivir aquí? ¡Los pingüinos sí pueden!

ESTÁNDARES COMUNES

RI.1.1 ask and answer questions about key details; **RI.1.2** identify the main topic and retell key details; **RI.1.7** use illustrations and details to describe key ideas; **RI.1.8** identify the reasons an author gives to support points; **RI.1.9** identify similarities and differences between texts on the same topic; **RI.1.10** read informational texts

Los pingüinos son aves. En el Polo Sur viven muchas clases de pingüinos. Algunos hacen sus nidos en rocas y acantilados. Otros ponen los huevos sobre sus patas. Así se mantienen calentitos. Mamá y papá pingüino se turnan para cuidar de sus huevos y crías.

1 ¿De qué trata este artículo principalmente? ¿Qué detalles importantes te ayudan a saberlo?

Los pingüinos no vuelan, ¡pero sí pueden nadar! Agitan sus aletas igual que los pájaros agitan las alas. Así pueden nadar rápido en el agua helada. Los pingüinos nadan en busca de peces para alimentarse. Saben cómo vivir en estas tierras frías.

2 ¿Qué crees que el autor te quiere enseñar acerca de los pingüinos? ¿Qué datos aprendiste?

El pez hielo

El Polo Sur es frío. Cae nieve. ¡Hay hielo por todas partes! Algunos animales viven en la tierra. Otros viven en el agua helada. Aquí viven muchas clases de peces. Una de ellas es el pez hielo.

3 Explica cómo es el Polo Sur. ¿Qué detalles del artículo te ayudan a saberlo?

El agua es tan fría que casi todos los peces se congelarían. El pez hielo tiene algo especial en la sangre. No permite que se congele. Por eso el pez hielo puede vivir en unas de las aguas más gélidas de la Tierra.

4 ¿En qué se parece la información de los dos artículos? ¿En qué se diferencian?

Palabras que quiero saber

Unidad 4   Palabras de uso frecuente

16 ¡Vamos a la luna!

mirar	porque
traer	llevar
regresar	mostrar
liviano	superficie

19 Tomás Rivera

trabajo	ayudaban
extraordinarios	pronto
hablar	riéndose
papel	terminar

17 El gran viaje

viaje	no
viajar	auto
segura	ir
puedes	quizás

20 El cuento de Conejito

quiero	más
viejo	lavarse
tratar	mamá
usan	puerta

18 ¿De dónde viene la comida?

comida	debajo
primero	estas
tierra	directamente
a veces	tu

A

alteran

Si las cosas se **alteran,** se cambia su forma o esencia. Si entramos en su madriguera, los animales se **alteran.**

arrecife

Un **arrecife** es un cúmulo de piedras o rocas que se forma en el mar próximos a la superficie. Si los barcos no esquivan el **arrecife,** pueden chocar con él.

arrozales

Los **arrozales** son los lugares donde crece el arroz. En la China hay muchos **arrozales.**

B

biblioteca

La **biblioteca** es el sitio donde se guardan los libros. En la **biblioteca** hay muchos cuentos.

C

campesinos

Los **campesinos** son las personas que viven en el campo y trabajan la tierra. Los **campesinos** siembran maíz.

carreta

Una **carreta** es un vehículo de dos ruedas hecho con madera. La **carreta** se utiliza como medio de transporte y puede jalarla un burro, un caballo o una vaca.

Castor

Castor es un personaje que corta árboles con sus dientes. **Castor** vive en una casa en el agua.

chocolate

Un **chocolate** es un dulce hecho de cacao. Me gusta el helado de **chocolate**.

cielo

El **cielo** es donde están las nubes, el sol y la luna. El **cielo** es azul.

cohete

Un **cohete** sirve para viajar al espacio. El **cohete** sube muy rápido.

Conejito

Conejito es el personaje principal de un cuento y también es un conejo. A **Conejito** le gustan las zanahorias.

cuentos

Los **cuentos** son historias que alguien escribió o contó. Los **cuentos** son divertidos.

D

desierta

Una zona está **desierta** cuando no hay nada en ella. Los domingos la escuela está **desierta.**

E

espacio

El **espacio** es el sitio donde están el Sol, los planetas y la Luna. El astronauta viaja hasta el **espacio.**

explorador lunar

Un **explorador lunar** es un vehículo que permite explorar la Luna. ¡Qué divertido es viajar en un **explorador lunar!**

F

facilidad

La palabra **facilidad** se usa para referirse a que las cosas se pueden hacer sin esforzarse mucho. La profesora lee con **facilidad**.

familia

Una **familia** está formada por los parientes más cercanos. Mi **familia** es pequeña.

favorita

La palabra **favorita** se usa para describir lo que más nos gusta. La pizza es mi comida **favorita**.

felices por siempre

Felices por siempre es una frase que se usa al final de un cuento para indicar que el cuento terminó, y que los personajes están contentos. Sapo y Sepo resolvieron su problema y fueron **felices por siempre**.

G

Ganso

Ganso es un pájaro que nada y también es un personaje de un cuento. A **Ganso** le gusta el agua.

granos

Los **granos** son pequeños pedacitos que forman parte de una planta. Los **granos** de café se secan al sol.

gravedad

La **gravedad** es la fuerza que nos une a la Tierra. En la Luna casi no hay **gravedad.**

H

huellas

Las **huellas** son marcas que quedan en el piso cuando alguien pasa. Esas **huellas** en la arena son de los pies de mi papá.

I

isla

Una **isla** es un trozo de tierra en el medio del mar. Nosotros vamos hasta la **isla** en barco.

L

Luna

La **Luna** es un satélite de la tierra que vemos en el cielo por la noche. El astronauta camina en la **Luna.**

M

maestro

Un **maestro** es la persona que nos enseña. El **maestro** sabe mucho.

manzana

Una **manzana** es una fruta de color rojo. La **manzana** es muy dulce.

motor

Un **motor** es una máquina que mueve algo. Las bicicletas no tienen **motor.**

P

paracaídas

Un **paracaídas** se usa para lanzarse de un avión. El piloto lleva un **paracaídas** en la espalda.

T

tercos

La palabra **tercos** se usa para describir a las personas que no quieren escuchar razones. Los niños **tercos** no obedecen a sus padres.

Texas

Texas es el segundo estado más grande de los Estados Unidos. **Texas** queda al sur del país.

trigo

El **trigo** es una planta que tiene granos. La harina de **trigo** es blanca.

túnel

Un **túnel** es un agujero que atraviesa una montaña por dentro. Los carros pasan por el **túnel.**

verduras

Las **verduras** son alimentos muy saludables. Mi arroz tiene pollo y **verduras.**

Acknowledgments

The Big Trip written and illustrated by Valeri Gorbachev. Copyright ©2004 by Valeri Gorbachev. Reprinted by permission of Philomel Books, a Division of Penguin Young Readers Group, a member of Penguin Group (USA) Inc. All rights reserved.

"Elephant, Elephant" from *The Sweet and Sour Animal Book* by Langston Hughes. Copyright ©1994 by Ramona Bass and Arnold Rampersad, Administrators of the Estate of Langston Hughes. Reprinted by permission of Oxford University Press and Harold Ober Associates, Inc.

Where Does Food Come From? by Shelley Rotner and Gary Goss, photographs by Shelley Rotner. Text copyright ©2006 by Shelley Rotner and Gary Goss. Photographs copyright ©2006 by Shelley Rotner. Reprinted by permission of Millbrook Press, a division of Lerner Publishing Group. All rights reserved.

"Wouldn't You?" from *You Read to Me, I'll Read to You* by John Ciardi. Text copyright ©1961 by John Ciardi. Reprinted by permission of HarperCollins Publishers.

Credits

Placement Key:

(r) right, (l) left, (c) center, (t) top, (b) bottom, (bg) background

Photo Credits

3 (b) ©Dennis Hallinan/Alamy Images; **3** (b) ©NASA; **3** (cl) ©Stockbyte/Getty Images; **3** (cl) ©NASA Marshall Space Flight Center; **4** (bl) ©Montana Historical Society; **4** (bl) ©Montana Historical Society; **6** (tl) ©Camerique Archive/Getty Images; ©Les Gibbon/Alamy Images; Blind [**9**] ©Age Fotostock America, Inc.; **10** (tl) ©Dennis Hallinan/Alamy Images; **10** (tc) ©NASA; **10** (t) ©JUPITERIMAGES/ BananaStock/Alamy; **10** (b) ©NASA/Handout/Getty Images News/Getty Images North America/Getty Images; **10** (tc) ©Stockbyte/Getty Images; **11** (cr) ©NASA; **11** (tl) ©Maxim Marmur/AFP/Getty Images; **11** (tr) ©Corbis; **11** (cl) ©NASA/CORBIS; **11** (bl) ©Sean Sexton Collection/Corbis; **11** (br) ©NASA/Corbis; **12** © Clearviewstock / Alamy; **12** ©Dennis Hallinan/Alamy Images; **13** ©Corbis; **14** (tl) ©Dennis Hallinan/Alamy Images; **15** ©Dennis Hallinan/Alamy Images; **16** ©Science Source/Photo Researchers, Inc.; **18** ©NASA; **19** ©NASA/Science Source/Photo Researchers; **20** ©NASA/Stringer/Time & Life Pictures/Getty Images;

21 ©NASA/Photo Researchers, Inc.; **22** ©Keystone/Stringer/Getty Images; **24** ©NASA; **25** © MPI/Stringer/Hulton Archive/Getty Images; **26** ©NASA; **28** ©NASA; **29** ©NASA; **30** ©NASA; **31** ©CORBIS; **32** ©Brand X/SuperStock; **34** ©Robert Karpa/Masterfile; **36** (tl) ©Dennis Hallinan/Alamy Images; **37** (b) ©CORBIS; **38** ©HMH; **39** (tl) ©Dennis Hallinan/Alamy Images; **39** (c) StockTrek/Photodisc/Getty Images; **40** ©NASA Marshall Space Flight Center; **40** (tl) ©Stockbyte/Getty Images; **40** (tl) ©NASA Marshall Space Flight Center; **42** (tl) ©Bettmann/Corbis; **42** (b) ©Time Life Pictures/Getty Images; **42** (b) ©Robert Mora/Getty Entertainment/Getty Images; **42** ©Stockbyte/Getty Images; **43** (c) Dmitriy Shironosov / Alamy; **43** (t) NASA; **43** (b) © Purestock/SuperStock; **43** (tc) ©Stockbyte/Getty Images; **43** (tl) ©NASA Marshall Space Flight Center; **43** (tl) ©Dennis Hallinan/Alamy Images; **44** (b) ©PhotoDisc; **45** (cr) ©World Perspectives/Getty Images; **48** (b) Tony Freeman/PhotoEdit; **48** (b) ©Richard Hutchings/CORBIS; **48** (tc) ©Purestock/Getty Images; **48** (tc) ©Montana Historical Society; **49** (tl) ©Ariel Skelley/Taxi/Getty Images; **49** (tr) Ariel Skelley/Getty Images; **49** (cr) ©Dave Nagel/Taxi/ Getty Images; **49** (cl) ©Tim Graham/Getty Images; **49** (br) ©David Young-Wolff/PhotEdit; **49** (br) ©Jennie Woodcock; Reflections Photolibrary/CORBIS; **50** ©Steve Hamblin/Alamy Images; **75** © aldegonde le compte / Alamy; **76** (inset) Corel Stock Photo Library - royalty free; **78** (bl) ©Independence National Historical Park; **78** (br) ©Independence National Historical Park; **78** ©Purestock/Getty Images; **78** (tl) ©Purestock/Getty Images; **78** (tl) ©Montana Historical Society; **79** (b) ©Montana Historical Society; **80** ©Purestock/Getty Images; **81** (br) commerceandculturestock/Getty Images; **81** (cr) ©D. Hurst/Alamy; **81** (tc) ©Purestock/Getty Images; **81** (tc) ©Montana Historical Society; **86** (b) ©Karen Moskowitz/Taxi/Getty Images; **86** (b) ©Peter Anderson/Dorling Kindersley&#x0B;; **87** (tl) ©Justin Sullivan/Staff/Getty Images; **87** (tr) ©Justin Sullivan/Staff/Getty Images; **87** (cl) ©Nigel Cattlin/Photo Researchers, Inc.; **87** (bl) ©altrendo nature/Getty Images; **87** (br) ©Darryl Johnson/Digital Vision Ltd./Superstock; **88** PhotoDisc/Getty Images; **90** (b) ©Amy Neunsinger/The Image Bank/Getty Images; **113** (b) Bon Appetit / Alamy; **119** (br) Bananastock/Jupiterimages/Getty Images; **119** (tr) Stockbyte/Getty Images; **119** (cr) ©Brand X Pictures; **124** (t) ©Joseph Sohm/Visions of America/Corbis&#x0B;; **124** (b) © George Disario/Veer; **124** (tc) ©Camerique Archive/Getty Images; **125** (tl) ©Greg Ceo/Stone/

Getty Images; **125** (tr) ©Ken Wramton/Getty Images; **125** (cr) ©Scott Sinklier/Corbis; **125** (cr) ©Burke/ Triolo Productions/Brand X/Corbis&#x0B;; **125** (bl) ©Darren Robb/The Image Bank/Getty Images; **125** (br) ©image**100**/Corbis; **127** Vintage Images / Alamy; **128** ©Camerique Archive/Getty Images; **147** (c) MBI / Alamy; **148** (b) ©Camerique Archive/Getty Images; **148** (tl) ©Camerique Archive/Getty Images; **149** ©Reed Kaestner/Corbis; **150** (bl) Photodisc/Getty Images; **150** (br) ©Siede Preis; **150** (tl) ©Jane Mcilroy/ Shutterstock&#x0B;; **150** (tr) ©Tomasz Pietryszek/ ShutterStock; **150** (cl) ©JUPITERIMAGES/ ABLESTOCK/Alamy; **150** (cr) ©Andreas Meyer/ ShutterStock; **151** (c) Corbis; **151** (b) Corbis; **151** (tc) ©Camerique Archive/Getty Images; **156** (b) ©HMH; **157** (tl) ©George Robinson/alamy; **157** (tr) ©O'Brien Productions/Corbis; **157** (cr) ©Tony Freeman/ Photoedit; **157** (bl) ©George Disario/Corbis; **157** (br) ©Radius Images/alamy; **158** © Blend Images / Alamy; **182** ©Arthur S. Aubry/Photodisc/Corbis; **187** (br) ©Jennifer Thermes/Getty Images; **187** (cr) Getty Images/RubberBall Productions; **192** moodboard/ Alamy; **G3** ©S. Alden/PhotoLink/Getty Images; **G3** (c) PhotoLink/Photodisc/Getty Images; **G4** (cr) ©Siede Preis/Photodisc/Getty Images; **G6** © courtesy of NASA; **G8** ©Corbis; **G10** (c) ©Digital Vision/Getty Images; **G10** (tr) ©Photodisc/Getty Images

Illustrations

Cover Lynn Chapman; **47** Chris Lensch; **80** Joe Lemonnier; **85** Sally Vitsky; **116–118** Dan Andreason; **128–143** René King Moreno; **148–150** Robert Schuster; **152** Patrick Gnan; **155** Ken Bowser; **160–179** Richard Bernal; **184–186** Ken Bowser; **184–186** (props) Pamela Thomson.

All other photos: Houghton Mifflin Harcourt Photo Libraries and Photographers.